LETTRE PHILOSOPHIQUE,

Traduite
d'Alleman en François.

Par ANTOINE DU VAL.

A PARIS,
Chez IEAN D'HOURY, à l'Image
S. Iean, au bout du Pont-neuf, sur le
Quay des Augustins.

M. DC. LXXI.

LETTRE PHILOSOPHIQVE.

VOUS ayant veu douter d'une science, dont vous devriez estre mieux persuadé, il m'a semblé necessaire de vous en tracer les fondemens, suivant que la Lecture des vrais Philosophes & l'experience me l'ont enseigné. Je n'use pour cet effet d'aucune Rhetorique, jugeant superflu d'orner la matiere du monde, qui est la plus belle de soy-mesme. La sainte Ecriture, qui est dictée par le Saint Esprit, & contient la parole du grand Dieu, méprise l'ornement, & se plaist seulement aux sentences veritables & simples. L'ignorance au contraire & le mensonge, dont le pe-

A

re de mensonge a jetté la semence dans les Ecoles modernes, veut estre platrée d'attifets, pour cacher ses defauts ; l'art & le fart sont pour les beautez imparfaites. Vous verrez dans la suitte de cette Lettre, une Physique qui paroistra extravagante & impertinente au sens de ces mesmes Ecoles, & je vous dis par avance, que le moindre Pedant la condamnera aussi hardiment que s'il l'entendoit tres-bien, & que mes sentimens seront bannis de sa raison aussi librement qu'il pourroit faire si nostre sainte science estoit soûmise à sa jurisdiction.

Mais je laisse à chacun son jugement libre, & je ne veux punir les presomptueux & les ignorans, que de leurs propres qualitez, qu'ils garderont pour penitence. Aussi ne pretends-je écrire cette lettre qu'à vous qui avez la clef pour en dechiffrer le contenu misterieux, afin que vous puissiez confirmer vostre connoissance & l'appuyer sur un fondement inébranlable, pour donner gloire à Dieu, & servir vostre prochain. Vous trou-

PHILOSOPHIQUE.

verez la plus part de ce que je vous écris chez les Philosophes : mais vous ne le verrez en nulle part entassé de cette maniere, & en si peu de paroles. Elles sont simples, mais importantes & veritables. Lisez, relisez, & pensez-le bien, rapportant le tout à la pierre de touche, qui est la nature ; elle vous cautionnera pour moy de la verité. Mettez ses demarches en parallele avec mes paroles, & gardez pour vous mesme les observations que vous en tirerez. Afin donc de comprendre ce dont il est question, sçachez que la Physique est une science moyennant laquelle on explique les substances naturelles entant que naturelles, avec leur harmonie : C'est la science de la nature, ou une habitude, moyennant laquelle nous connoissons la nature, & les choses qui tiennent leur estre d'elle.

L'autheur de cette nature est Dieu, qui subsiste naturellement de par soy-mesme, sans commencement ny fin: Il est souverainement & uniquement Sage, Puissant & Bon. Comme il est infini, & que nous sommes finis, nous

A ij

ne pouvons rien dire de luy, qui ne soit trop au dessous de sa gloire & & perfection ; une partie ne pouvant aucunement comprendre le tout: l'excellence de ses œuvres le magnifie beaucoup plus que la foiblesse de nostre expression.

Du Chaos. Quand nous contemplons ses œuvres en general, nous y observons des leur principe le *Chaos*, les Elemens & les choses élementées. Le Chaos étoit un composé agité de l'eau & du feu vivifiant, à ce que toutes choses de ce monde fussent produites par le Verbe éternel de Dieu. C'estoit la matiere contenant toutes les formes en pouvoir qui en suite se manifesterent quand la Volonté se reduisit en acte. Ce corps informe estoit aquatique, & appellé par les Grecs ὕλη; denotans par le mesme mot l'eau & la matiere : cette matiere a esté distinguée de Dieu en trois Classes : En Superieure, Moyenne, & Basse region. La superieure est absolument illuminée, éminente & subtile : La basse absolument tenebreuse, crasse, impure & grossiere. La moyenne est

PHILOSOPHIQVE.

meflée de l'une & de l'autre de ces qualitez. La derniere Claſſe ou region baſſe contient néantmoins toutes les eſſences & vertus des Creatures de la ſuperieure, en ſorte que ce que les Creatures ſuperieures ſont actuellement & en forme manifeſte, les Creatures inferieures le ſont en pouvoir & en eſſence occulte: la claſſe ou region ſuperieure reciproquement eſt creée, en ſorte qu'il n'y a rien dans l'inferieure, dont elle ne contienne la nature & les vertus: Ce que les eſſences ſuperieures ſont exterieurement, les inferieures le ſont interieurement: l'une & l'autre toutesfois ne peut pas agir également: car les Creatures ſuperieures intellectuelles peuvent agir ſi elles veulent, de meſme façon que les inferieures; mais les inferieures ſont empeſchées, par la craſſe tenebreuſe de leur corps, d'agir comme feroient les Anges, à moins que d'eſtre illuminées d'en haut, & doüées de vertus divines & plus qu'humaines. En tout ce que deſſus il eſt à remarquer que la region inferieure n'eſt pas entierement deſti-

A iij

tuée de lumiere, ny la superieure de quelque mélange (bien que delicat) de tenebres, n'y ayant que le Createur seul qui habite une lumiere pure & inaccessible. La creature bien qu'opposée l'une à l'autre, ne manque jamais de mélange pour procréer par cette puissance étenduë & remise, comme le bras bourt & long en Geometrie ; & c'est par le moyen de cette operation admirable que le mouvement à commancé dans le chaos. La parole éternele du Pere en ayant premierement separé les élemens, & puis les choses elementées superieures & inferieures, tant terrestres que celestes & surcelestes. Car la creation du Ciel presupose celle de ses habitans qui sont les Anges bien heureux, ausquels l'ame des hommes devient semblable, lors que separée des sens materiels, & épurée des impuretez tenebreuses par le S. Esprit, elle s'éleve en ferme foy à Dieu, cherchant & treuvant dans le Pere des lumieres, cette clarté surnaturelle inconnuë à l'homme sensuel. Par ce chemin la grace du Seigneur a manifesté *Gen.* 1.

à son serviteur Moïse cette creation merveilleuse, c'est par cette méme grace que mortifians nostre chair perverse, & ressuscitans en une nouvelle vie, nous élevons le vol de nostre ame par dessus tout ce qu'il y a de materiel, penetrant les tenebres confuses du chaos, pour observer tant par la parole revelée de Dieu, que par la lumiere de sa clarté reluisante éminemment, & en ses grandes œuvres & en l'homme crée à sa ressemblance, les demarches de cette operation merveilleuse, jusques à ce que cette étincelle de lumiere, dont nous sommes capables en cette mortalité, vienne à croistre pour nous éclairer pleinement dans l'Eternité.

Il y a trois choses à observer dans ce chaos, 1. L'eau premiere & informe. 2. Le feu vivifiant, dont l'eau a esté agitée, & 3. La façon dont les estres particuliers ont esté produits de ce chaos, ou estre general. Cette eau informe & imparfaite estoit incapable, sans le feu vivifiant, de rien produire. Elle estoit avant l'eau élementaire, & contenoit le corps & l'Esprit, qui conspiroient ensemble à la procreation des corps subtils & grossiers. Cette eau premiere estoit froide, humide, crasse, impure & tenebreuse, *Gen.* 2. & tenoit dans la creation, le lieu de la femelle, de mesme que le feu, dont les étincelles innombrables comme des mâles differens, contenoit autant de teintures propres à la procreation des creatures particulieres. Ce feu qui a devancé l'élementaire, a vivifié tout ce qui est produit du chaos. C'est celuy de la nature, ou pour mieux dire, l'esprit de l'Univers subtilement diffus dedans cette eau premiere & informe. On peut appeller ce feu la forme, comme l'eau la matiere confondus ensemble dans le chaos. Il ne subsistoit pas separément sans l'eau, qui est proprement son habitacle, & la matiere ou le vehicule qui le contient. Toute fois ce feu n'est qu'un instrument subalterne, & qui ne peut agir en aucune façon de soy-mesme, n'étant qu'un outil materiel de la grande main immaterielle de Dieu, ou de sa parole non créée, qui est issüe de luy, & en procede continuelement, comme nous voyons au 1. & 2. de la Genese, faisans par ce feu les impressions de diverses teintures sur diverses especes. J'appelle Teintures, les puissances astrales & ponctuelles. Car la teinture est comme un point essentiel, duquel comme du centre sortent les rayons qui se multiplient dans leur operation. Mais comme ces rayons ne sçauroient operer en eux mesmes, pour leur proximité & ressemblance, il leur a fallu un corps aquatique dissemblable à leurs proprietez, à ce que sa masse par ce feu central, & moyennant la disposition de la parole de Dieu, ainsi que les autres choses, prissent forme. Le feu n'est pas un corps, mais il en prend un d'ailleurs, qu'il dispose à sa fin destinée : il demeure plus volontiers dans un corps parfait que dans un autre, il contient les definitions de toutes choses, & reçoit en soy, suivant les vertus de son imagination que le verbe éternel de Dieu luy a imprimé, les dispositions de diverses semences; il est chaud, sec, pur & diafane : les deux dernieres qualitez sont les sources de toute lumiere : Sa chaleur le fait agir sur l'eau, comme estant le principe de toute la chaleur des elemens & des choses elementées : Sa secheresse est le principe de constance és creatures : Sa diafanité marque sa subtilité, qui luy rend toute sorte de corps penetrables : Sa pureté exclud toutes imperfections, car le feu les chasse loin de soy, & aspire à la constance de l'Eternité, comme la fin du monde & la nouvelle creation fera voir. Aristote l'appelle assez improprement le principe du mouvement. Le feu donc est la nature qui ne fait rien en vain, qui ne sçauroit errer, & sans qui rien ne se fait. Car cét esprit agissant, bien qu'il soit inherent en des corps differens de ce monde, est pourtant toûjours le mesme, & bien qu'il serve à vivifier des teintures diverses, selon qu'elles sont distinguées dans les creatures par le Createur, il ne fait que les disposer suivant leur capacité.

Ce chaos ainsi creé, Dieu commença à travailler sur ce corps tenebreux luy infusant quelques rayons de lumiere par le moyen de l'Esprit de Dieu qui se mouvoit dessus les eaux, séparant les tenebres de la lumiere, & donnant aux tenebres la demeure inferieure & moyenne, comme à la lumiere la superieure. Il sépara *Gen.* 1. *vers.* 6. les eaux d'avec les eaux, plaçant la materielle & grossiere dans la mer & dans la terre, & élevant la subtile & spirituelle au dessous & au dessus du firmament, *Gen.* 148. *vers.* 4. à ce qu'elle pût servir de vehicule, d'instrument & de mediatrice à l'Esprit universel, pour porter les ordres & les aides actives aux esprits passifs & particuliers des sublunaires. Cela ne suffisant pas, Dieu donna le troisiéme degré de lumiere, séparant la terre, ou le sec des eaux & de la mer, afin que la terre ne fust empêchée par le mélange excessif des eaux, de produire les herbes & les arbres portans fruits. Il sépara aussi par l'étenduë des Cieux, les eaux inferieures des superieures, & assembla de la lumiere diffuse, des luminaires pour distinguer le temps & les saisons, afin d'operer par leurs rayons ou influences mesurées sur les creatures, lesquelles il crea de leurs élemens distinguez pour vivre en iceux, & habiter cet édifice admirable, dont il donna la Seigneurie à l'homme, fait a son image & selon sa ressemblance, pour le servir & benir.

Des elemês en général. L'élement est un corps separé du chaos, afin que les choses elementées consistent par luy & en luy : c'est le principe d'une chose, comme la lettre de la syllabe. La doctrine des élemens est tres importante, estant la clef des sacrez misteres de la nature. Les élemens conspirent ensemble, & se changent facilement l'un en l'autre, & nous voyons la terre se changer en eau, l'eau en air, & l'air en feu. La terre se change en eau, quand l'eau, par le mouvement de la chaleur, du centre de la terre en penetre les conduits en forme de vapeur, & en reçoit par cette exhalaison l'essence subtile, en sorte qu'il n'apparoit aucune difference entre l'eau & la terre. Cette terre reduite en eau par la chaleur du Soleil & élevée en la region moyenne de l'air, y estant quelque temps digerée, se change en feu, & forme les tonnerres & les foudres. Celuy qui connoît le moyen de changer un élement en l'autre, & rendre les choses pesantes legeres, & les legeres pesantes, se peut dire vray Philosophe. Cela ne se peut que moyennant un certain chaos universel, dont le centre contient les vertus des choses superieures & inferieures, reduisant la terre en eau, l'eau en air, & l'air en feu. Jamais un élement n'est sans l'autre, car le feu sans air s'éteint, l'eau sans air se pourrit : la terre mesme ne sçauroit faire un globe sans l'eau, qui sans les autres elemens ne produit quoy que ce soit. Le feu purge l'air, l'air l'eau, & l'eau la terre, & par le mouvement du feu, l'un se perfectionne dans l'autre. Le feu est toûjours le moindre en quantité, comme le premier en qualité : ou il domine, il engendre des choses parfaites, & ou il est dominé, ne viennent que les imparfaites. Les elemens sont actifs, quand ils travaillent sur un corps pour en former quelque chose de nouveau ; passifs quand l'un souffre que l'autre en fasse quelque chose, & l'un agissant l'autre patit. L'eau agit sur le feu, le concentrant par la reclusion dans son corps ; le feu travaille sur la terre, afin de l'élever à sa propre dignité, & cela durera jusques à tant que tous les elemens par une action mutuelle atteignent la souveraine perfection. Les élemens superieurs agissent bien plus parfaitement que les inferieurs, comme il appert par les actions du Ciel ou du feu, à cause de sa pureté & élevation, en vertu de laquelle ils exaltent les elemens inferieurs, comme les inferieurs en échange abaissent ou attirent & humilient les superieurs. Et c'est par le moyen de cette attraction & expulsion, que le monde respire & vit, communiquant l'estre des choses superieures (comme dit est) aux inferieures, & ainsi reciproquement. Cette operation merveilleuse se fait moyennant l'esprit de l'Univers invisible & impalpable en soy, si ce n'est qu'il se rend tel, à raison de sa situation & de son vehicule. D'autant que ce Mercure, ce messager du Ciel, & qui en porte les ordonnances en terre, prend de certaines aisles propres à faciliter son vol. Cet instrument est visible & palpable, mais l'esprit en soy-mesme ne l'est pas, pour estre d'une nature absolument spirituelle, & dont l'essence fuit les sens. Pour mieux comprendre ce mystere, qui est tres-grand & excellent, considerons que la terre & l'eau occupent l'habitacle inferieur, pour estre moins excellent que le Ciel, qui est le feu, & est situé au dessus, comme l'air qui est un élement moyen entre le feu subtil, & la terre; & l'eau grossiere se place entre-deux. Or afin que la terre fût exaltée par le feu & élevée à la souveraine perfection, il estoit necessaire que le feu la repurgeât de sa crasse immonde, & qu'à cet effet il fut posé dans son ventre pour y operer jusqu'à tant qu'ayant séparé toute l'impureté de la terre, il en attirât l'essence pure & sans fêces. Mais cette terre vierge ne pouvant agir sans les élemens moyens, le feu agit sur l'eau, qui compose un mesme globe avec la terre, & ce moyennant l'air, subtilisant cette eau par sa chaleur, & la reduisant en vapeur, unissant à mes-

me temps la terre à sa nature. Ainsi la nature, qui procede toûjours avec ordre, tend depuis les choses basses par les moyennes au sommet de perfection, & comme la terre est un corps compacte, l'eau ne la peut pas tout à la fois transformer en sa propre nature : c'est pourquoy elle s'éleve souvent moyennant la chaleur du Soleil, la distillant & la renvoyant sur la terre, afin d'y porter la vertu du feu, à ce que par ses aspersions reïterées, la terre se resolve dans ses semences, car les semences de la terre inherentes, ont en soy le feu de la nature, participant du feu celeste, lequel resout moyennant des vapeurs tres-subtiles, la terre en eau, pour pouvoir penetrer & vivifier les entrailles des semences. Apres cela, il la convertit par une digestion continuelle, en une huile cristaline, qui represente l'air par sa clarté diafane, & l'allume enfin, apres l'avoir dépoüillée de toutes ses impuretez, de sa flâme ardente, la faisant expirer de jour en jour, & monter aux lieux superieurs à travers de l'air, & la réduisant à la mesme essence

PHILOSOPHIQUE. 17

ce du feu. Voila comme un element participe de la nature de l'autre : l'élement donc est un corps spirituel contenant une matiere & grossiere & visible ; ils ne peuvent reposer, mais sont dans un mouvement perpetuel, pour moyenner la procreation des choses : les uns panchent plus dans leur inégalité vers la forme corporelle, les autres vers la nature spirituelle. Quand ces élemens seront un jour (par l'émotion nouvelle de la nouvelle création) denuëz de toute impureté, alors leur corps & leur esprit seront en juste balance, & attachez ensemble par le lien sacré de l'éternité ; l'inegalité ostée, le mouvement le sera pareillement, qui compose le temps, & là où il n'y en a plus, l'éternité apparoist d'elle mesme. De toutes les matiéres que nous connoissons, la plus également composée est l'or, qui ayant des élemens purs & destituez d'inegalité, approche plus de l'éternité, qu'aucune autre matiere, & donne, estant rendu spirituel & applicable au corps humain, une Medecine qui surpasse de bien loin toutes

B

autres Medecines. Et sans l'obstacle de la malediction que le peché attire & sur nos propres élemens & sur nos alimens, cette excellente Medecine feroit bien un autre effet encore. Parlant tantost de l'harmonie, je toucheray cette corde plus distinctement, faisant voir qu'il n'est pas impossible de representer mechaniquement le Macrocosme avec les élemens de cet Univers, sous la forme d'un mouvement perpetuel : j'avoüe cependant que nous ne le connoissons qu'en partie, le peché nous ayant chassé hors du Paradis, dont l'entrée nous est défenduë en cette vie caduque & miserable. Nous essayerons neantmoins d'attraper quelque branche qui passe par dessus la muraille du jardin d'Eden, & ne pouvans y entrer ny manger du fruit de l'arbre de vie, nous tacherons d'en avoir du moins quelque feüille, bien que (comme dit est) sechée & corrompuë par nostre iniquité malheureuse.

Des elemēs en partie Le feu & l'air sont les elemens superieurs. Le feu est le premier, preferablement à tous autres, à cause de

PHILOSOPHIQUE. 19

sa pureté, subtilité & perfection causée de sa simplicité, qui le rend plus noble & plus puissant ; l'esprit de l'Univers le possede & fortifie merveilleusement. L'air pour estre moins pur ne le penetre jamais à fonds, ny ne s'unit totalement à luy, si ce n'est apres estre purifié de ses fêces. Le feu élementaire n'agit que quand il est concentré, c'est alors que ces rayons prennent force, & jettent puissamment leurs influences. Apres que Dieu eut concentré *Gen.* 1. *vers.* 10. les elemens & *vers.* 11. les choses élementées, concentrant le feu ou le point astral dedans les semences particulieres, il concentra aussi *vers.* 14. la lumiere diffuse en des certains luminaires pour envoyer *vers.* 15. leurs rayons en terre, & les y faire operer. Quand il veut agir, il chasse (s'il est le plus fort en un corps) les vapeurs impures & superfluës dans l'air, pour y estre digerées ; s'il est le plus foible, les vapeurs l'oppriment & le suffoquent. Car le feu tâche de purifier toutes choses & les reduire à la souveraine perfection, comme les Philo-

culier, & du Feu Elementaire, ou du Ciel.

B ij

sophes sçavent ; Et tant plus qu'un élement est penetrant, tant plus aussi est-il agissant. Il est pur & ne souffre point d'impureté. Il y en a de deux sortes, car il est ou interieur ou exterieur : l'exterieur subvient à l'interieur, l'excitant pour agiter les qualitez differentes du corps qu'il penetre, & parachever l'œuvre de la nature : ces deux feux sont si familiers & collateraux, que se rencontrant avec leurs forces en un mesme sujet, l'un fortifie l'autre pour atteindre au sommet de la perfection. Le feu est un élement qui agit dans le centre de chaque chose, par le mouvement de la nature, qui cause l'émotion, l'émotion l'air, l'air le feu, & le feu separé, purge, digere, colore, & meurit chaque semence dans la matrice & dans la situation que le Createur luy a assigné dés le commencement. Cet élement ne peut souffrir l'eau cruë, mais il la chasse & reduit en vapeur moyennant sa chaleur. Ce n'est pas qu'il soit impossible de rendre l'eau compatible avec le feu ; & de la faire durer dans la plus grande flame, jusqu'à rendre l'eau inséparable du feu, mais le chemin en est connu à tres-peu de gens, & appartient à la cabale de la Philosophie secrette. Le feu elementaire est le Ciel où le firmament mesme où resident les astres, dont les influences visibles convainquent d'erreur ceux qui le nient. Il contient abondamment l'Esprit de l'Univers, qui est le feu, & se communique par le vehicule de l'air aux choses sublunaires, & leur donnant vie: Car la vie n'est qu'un flux de feu naturel dans le corps vivant. Ceci se doit entendre de la vie animale, car la vie de l'ame raisonnable est un flux de feu bien plus noble & plus pur de substance surceleste, tirant son feu exterieur immediatement de l'Esprit de Dieu, qui la vivifie & purifie, commançant par l'attraction des rayons de sa foy, & par la communication ou impression des rayons de sa grace & lumiere, à luy inspirer les principes de la vie éternelle, en attendant qu'accompagnée d'un corps dépoüillé de toutes impuretez, elle puisse comparoistre glorifiée devant le trône de Dieu. Les corps qui subsistent dans le Ciel, en attirent leur nourriture, & envoyent en suitte leurs rayons ou influences sur la terre, pour empecher que par cette emission leur vertu ne vienne à diminuer : l'Eternel a ordonné par sa sagesse ineffable, qu'ils attirassent autant d'élemens purifiez de la terre qu'ils y en renvoyent. Et c'est ainsi que se fait la circulation admirable de la nature, dont cette operation de rayons est la grande roüe. Le feu supreme est le Ciel empirée, où resident les Astres spirituels, qui n'ont point de corps de lumiere compacte, ils sont d'une essence plus subtile & eminente que les astres visibles, & ont bien plus de pouvoir : ce sont des Esprits qui representent chacun les forces & les Vertus de cet Univers, joüissans à raison de leur grande simplicité, pureté & perfection d'une beatitude permanente.

Les tenebres qui voilent nos ames dans ce monde corruptible nous rendent les Astres, qui assistent devant la Majesté Sacrée de l'Eternel, invisibles, ils voyent (hors du temps) à mesme temps & tout à la fois, & ce que nous connoissons & ce que nous ne connoissons pas. Les eaux surcelestes avec leur air & leur feu souverainement purs, composent le Ciel empirée. Il est parlé de ces eaux surcelestes. *Gen* 1. *Dan.* 3. 6. *Psal.* 104. 3. C'est une substance tres-pure, luisante, subtile, enflammée, mais non pas consommée, qui constituë l'habitacle des Anges (*schamaiim*) & des bienheureux, le vray Paradis composé d'élemens incorruptibles & parfaits, comme estoient ceux dont Adam joüissoit avant le peché. Le Macrocosme superieur contient tout ce qu'a l'inferieur. C'est de l'influence continuelle de cette eau incorruptible que s'animent & disposent toutes choses en ce bas monde. S'estant communiquées aux Astres visibles, elle passe des Astres en l'air, de l'air & de l'eau & par l'eau en la terre, de sorte qu'il appert clairement que le monde inferieur est l'image du monde superieur. Et comme en ce monde l'air se tient sur l'eau, & le Feu sur l'air, ainsi dans le monde Angelique, l'air surceleste est par dessus les eaux surcelestes, & au lieu le plus éminent est le feu souverainement pur qui compose la lumiere inaccessible, où Dieu a constitué l'habitacle de sa Majesté. Que personne ne nous blâme d'entamer une matiere si haute, outre qu'on ne dit rien qui soit indigne de nostre Dieu, ny qui contrarie à sa sainte Parole : il y a une clef secrette qui ouvre la porte de ces secrets, elle est cachée dans un corps tres commun, & contemptible aux yeux du vulgaire, mais tres-precieuse à ceux des vrays Philosophes.

De l'Air. L'air est un Element subtil diafane, leger & invisible, le lien entre les choses superieures & inferieures, le domicile des Meteores. Il n'y a rien au monde qui puisse se passer de cet élement. Toutes les creatures en tirent leur vie & leur nourriture, il fortifie l'humide radical & alimente les esprits vitaux. Rien ne viendroit en ce monde, si l'air ne penetroit & attiroit la nourriture multiplicative; L'air contient un esprit congelé meilleur que toute la terre habitable : cét element

PHILOSOPHIQUE.

ment est plus pur que l'eau, & moins pur que le Ciel, il participe de la pureté de l'élement superieur, & de l'impureté des inferieurs, & est richement doüé de l'Esprit de l'Univers.

Les Elemens inferieurs sont l'eau & la terre, leur exaltation dépend de l'eminence des superieurs, & est necessaire que pour se perfectionner, ils soyent souvent élevez & enrichis des vertus superieures : il faut dis-je que la terre s'éleve souvent par le moyen de l'eau, afin que le feu, residant dans les entrailles de la terre, apparoisse dans ses operations : l'eau ne revient jamais à la terre qu'elle ne soit amandée, & ne porte quelque nouvelle vertu. La pluye opere plus que l'eau simple, dont le jardinier arrouse. L'eau ne penetreroit pas la terre, si elle n'estoit animée de la chaleur superieure ou inferieure, comme en Esté que la chaleur du Soleil & la centrale subtilisent l'eau, & la font monter par les racines dans les vegetaux pour l'achever de digerer & reduire en plantes, fleurs & fruits : la chaleur fait monter l'humidité de la terre en broüillard, qui estant levé retombe en pluye par sa pesanteur, & rend l'humidité à la terre pour la faire fructifier. Car cette marée universelle s'engrosse du Ciel, & en rapporte à chaque fois de nouvelles vertus. L'eau est un élement humide & grossier, il est l'habitacle des poissons, la nourriture des plantes & des mineraux, le rafraichissement des animaux, l'aide de la generation, & le vehicule, par le moyen duquel les corps consistent és élemens inferieurs, & reçoivent les influences du Ciel. Cét element contient les trois autres, & sert à produire, conserver & augmenter tous les corps que nous voyons. Il contient une Medecine excellente, doüée des vertus superieures & inferieures. Heureux celuy qui la fait fixer avec son esprit. Comme le feu separe les choses qui sont jointes, l'eau rejoint celles qui sont separées ; la nature joignant les choses superieures avec les inferieures par les moyennes, se sert de l'eau pour communiquer à la terre, ce que le feu distile en eau, par le moyen de l'air : car l'essence du feu tombant en l'air, celle de l'un & de l'autre se jette dans l'eau, & celle là dans la terre, qui est le receptacle de toutes les semences: si l'eau ne passoit & repassoit incessamment par les conduits de la terre, le feu astral la consommeroit par l'intemperie de son mouvement, & en passant par la terre, elle en attire la nature, s'habillant de son essence la plus delicate, & aidant à la putrefaction, qui est la mere de la generation, car sans eau, il ne se fait point de putrefaction. Passant par des lieux bitumineux & ensoufrez, elle en attire cette chaleur & vertu que nous voyons és bains chauds de Ballaruc & ailleurs. Passant par des veines enrichies de mineraux ou sources metalliques, elle en attire pareillement la vertu, & produit les eaux salutaires, dont les fontaines se voyent à Spaà & ailleurs. Car l'eau sent toûjours ce qui a esté échauffé avec elle, comme l'on void dans la composition des boüillons que les Cuisiniers apprestent tous les jours. La chaleur centrale fait (comme dit est) tous les jours le mesme avec l'eau elementaire, & les fruits des entrailles de la terre. Voila comment l'Oeconome & le Seigneur absolu du monde fait sa distillation dans le Macrocosme : un jour sa bonté paternelle exaltera sa Majesté glorieuse par sa toute puissance, rehaussant ce feu tres-pur qui sert de firmament aux eaux surcelestes, & renforçant le degré de la chaleur centrale pour reduire toutes les eaux en air, & calciner la terre, à ce que toutes les impuretez consommées par le feu, il rend à la terre purifiée une eau circulée dans l'air, & pareillement purifiée pour composer un nouveau monde consistant en un nouveau Ciel & en une nouvelle terre, *Apoc* 21. 7. ou dans des elemens souverainement purs, immuables & exaltez, vivront les corps glorifiez des éleus de Dieu, apres qu'ils seront changez 1. Cor. 15. 51. pour estre glorifiez, c'est à dire purifiez de la crasse perissable & peccante, qui voile nos ames en cette vie miserable, pour la rendre capable de joüir de la clarté divine immediatement. *Es.* 60. 19. 20. O Seigneur ! quand verrons nous ta sainte face, jusques à quand croupirons nous dans les tenebres de l'ignorance & de la misere ou le peché nous tient enchainez ? En somme l'eau par un sel imperceptible aux sens, dissout les semences que la terre contient : cette dissolution separe les corps, cette separation les mene à la putrefaction, & cette putrefaction à une nouvelle vie.

Le dernier élement est la terre, dure, crasse, impure, aride, l'habitacle des animaux, des plantes, des metaux & des mineraux, remplie de semences infinies, moins simple que les autres elemens, dont la terre est proprement le rebut & le receptacle. C'est un corps fixe, qui retient les impressions des influences d'en haut plus parfaitement, que ne font les autres elemens. L'eau & l'air ne les retiennent pas si bien, car elles penetrent jusques au centre de la terre; d'où elles reviennent copieusement à la superficie. La terre & l'eau constituent un mesme globe, & operent conjointement ensemble à la procreation des animaux, des vegetaux & des mine-

De la Terre.

raux : elle possede un esprit nourrissant les corps materiels ; comme il est de la nature du sel, il se dissout aisement par l'eau, qui penetre les pores de la terre, pour prendre la nature des vegetaux, la terre consolide les corps & temperant l'humidité de l'eau, à ce qu'ils prennent la forme à quoy ils sont destinez : l'eau & le feu contestent incessamment dans cet element moyennant l'air, si l'eau predomine, il naist des choses corruptibles, si le feu, il en vient des choses durables; la terre enferre les choses pesantes en soy & jette les legeres, c'est la mere & la matrice de toutes les semences & de toutes les compositions. C'est aussi bien que l'eau, la matrice de la Medecine universelle. Car l'esprit de l'Univers se trouve fixe en elle, mais ce n'est pas universellement & par tout. Pour cet effet il faut changer la terre en eau, l'eau en air, & l'air en feu. On tire de la terre, qui nous vient d'enhaut, le mouvement perpetuel, si elle se dissout dans son eau, moyennant le feu Philosophique, aprés qu'elle a repris la forme du chaos qu'avoient les elemens avant la separation des choses elementées.

Ayant ainsi ébauché le chaos & les elemens, faisons-en de mesme des choses elementées. Ce sont des substances qui proviennent des elemens, & ont de l'affinité avec eux; ils sont ou spirituels ou corporels. Les premiers sont creés de l'essence des elemens les plus subtils ; tant plus ils sont subtils, tant plus ils ont de force & de pouvoir, l'excellence de l'operation dependant absolument de la subtilité de l'essence. Les elemens les plus purs ont les esprits les plus subtils qui servent d'instrumens à la parole eternelle de Dieu. Les Esprits sont superieurs, ou inferieurs : les premiers habitent dans le Ciel, & sont de la premiere ou de la seconde classe : ceux de la premiere sont tres-purs, & habitent le Ciel empirée, & comme ils sont au dessus du firmament & du mouvement mesuré des Astres, ils ne sont point sujets au temps : ils entendent & comprennent les choses non successivement, mais tout à la fois : ils sont distinguez par ordres & puissances. Col. 1. 16.

Des choses elemētées & premieremēt des Esprits.

y ayant des Archanges 1. *Theff.* 4. 16. les Anges estant distinguez des Puissances, *Rom.* 8. 38. Les Esprits de la seconde classe sont ceux qui habitent dans le firmament és Astres visibles: comme ils president és operations du feu Astral, on les a appellez des Salamandres : ils servent d'instrumens aux operations que les Anges bien-heureux exercent dans les Creatures basses : la lumiere d'enhaut parfaite ne se communiquant à la basse imparfaite que par ce moyen ou milieu. Ces Esprits sont innombrables, & ont leurs fonctions distinctes & determinées, comme les creatures qui habitent le globe de la terre. Autant qu'il y a d'Etoiles differentes au firmament, autant y a t'il d'ordres divers d'Esprits : il y en a de Solaires, de Lunaires, de Saturniens, Mercuriaux, qui dominent le globe de la terre par leurs influences : ce sont eux qui exploitent mesme les fonctions morales dans l'homme, le portans aux actions de probité civile, dont nous avons veu les payens ornez ; Mais comme cela ne vient que du Ciel subalterne, il faut

PHILOSOPHIQUE.

des rayons de la lumiere de l'Esprit supreme, pour crucifier nostre propre chair, & la sacrifier mesme pour la gloire divine, renonçans à toutes nos felicitez corruptibles pour l'incorruptible, jusqu'à aimer nos ennemis & haïr nostre propre nature corrompuë. Les affections qui vont au delà de l'ordre de la nature, viennent immediatement de la lumiere non crée de l'Esprit de Dieu. Les esprits qui president dedans l'air consomment en eux, & convertissent en leur propre nature, ce chaos qui est composé de toutes choses, dont aucune des choses crées ne se peut passer; ils conduisent les Meteores & produisent souvent par la volonté du souverain Createur, les effets prodigieux du vent & du tonnerre; ils ne sont pas tous mauvais ny sujets au Prince de ce monde qui regne dans l'air. Ils ne sont point universels, mais distribuez en des certaines dispositions pour differentes foctions. Le remanent des Esprits terrestres & aquatiques ont pareillement les leurs suivant les ordres de l'Eternel; ils sont de part & d'autre moins puissans que les aërés. Ce que les Esprits operent de bon dans le Cours de la nature provient de ceux qui sont bons, & que Dieu a crées élementaires à cet effet; ce qu'il y a de mauvais & de sinistre vient des Esprits malins jettez hors du Ciel empirée à cause de leur rebellion, pour laquelle ils sont condamnez de vivre aussi bien que l'homme pecheur, au lieu des elemens purs & incorruptibles, dans les impurs & perissables. Les Esprits malins qui sont les diables joüent artificieusement des elemens spirituels & corporels dans les choses elementées pour les ruïner, & sur tout l'homme, dans lequel ils haissent l'image de l'Eternel qu'ils tachent par une envie malicieuse de corrompre, aneantir & plonger dans les tenebres: mais comme les tenebres ne servent qu'à rendre l'excellence de la lumiere plus apparente & belle, aussi leur malice noire ne fait que servir à exalter dautant plus la bonté & la lumiere du Toutpuissant, qui les fait cooperer mesme dans leur damnation malgré eux, à glorifier la Justice & la gloire de son

PHILOSOPHIQUE.

pouvoir infini, par leur vaine resistance & infructueuse.

Ayant traité de tout ce que dessus, il faut descendre pour contempler les corps palpables & sujets à nos sens. Aprés les Elemens spirituels, considerons les corps, tirez des Elemens exterieurement d'une nature corporelle, interieurement d'une nature spirituelle. Car les corps ne sont que les prisons qui enferment les Esprits interieurs & actifs pour les limiter, ils sont limitez de vie & de mort, tant plus ils ont d'organes, tant plus ils sont corruptibles. La seule unité étant immortelle, car la composition présuppose la separation. La premiere chose qui se doit contempler en cecy, sont les principes hypostatiques: ce sont des substances actives, tirées des elemens convenans de temperament, afin de composer les choses élementées. Nous appellons ces trois principes, le sel, le souffre & le Mercure. Là où ils sont bien proportionnez, ils forment une substance durable: là où ils ne le sont pas, la chose se dit & est impure & perissable. La

Des trois Principes de la nature.

pureté consiste dans l'harmonie & proportion des trois, l'impureté dans l'inegalité.

Le sel est la substance des choses, & un principe fixe accomparable à l'element de la terre. Il nourrit le souffre & le Mercure qui agissent sur luy, jusques à ce qu'ils l'ayent rendu volatile quant & eux, l'élevant à leur perfection. Le sel les retient en recompense & les coagule, leur communiquant sa nature fixe, & comme il est fixe & sec, il assemble ce qui est liquide, étant dissolu dans une liqueur convenable, il aide à dissoudre les corps solides, comme sa nature fixe d'autre part les consolide : sa vigueur naissante luy donne des forces alors qu'il est dissolu par le moyen du Mercure & du souffre, il n'est actif qu'entant qu'il est rendu tel par le ministere des deux autres principes, alors sa puissance se reduit en acte. Car à force que l'harmonie est grande entre les trois principes, l'une ne sçauroit estre ny agir sans l'autre. C'est le sel & le souffre qui preservent les corps de putrefaction, dechassant les humiditez

PHILOSOPHIQUE. 37

superfluës capables de causer cette pourriture. Nul corps solide n'est destitué de ce sel, qui se dit le principe fixe, sec, & ferme; il est impossible que sans ce principe, on puisse former un corps. Quand on brûle du bois, l'humidité grossierement Mercuriale & superfluë, s'évapore: la matiere grossierement sulfurée & bitumineuse le consomme par le feu & évapore pareillement, tendant à la perfection par son elevation, mais le sel demeure dans les cendres avec l'humide radical fixe, qui ne se peut consommer ny detruire.

Le souffre est un principe gras & huileux, qui lie les deux autres principes entierement differens pour l'excés de leur secheresse & humidité, de sorte qu'il leur sert de milieu & de ligament pour les joindre & faire tenir ensemble, car il participe de l'une & de l'autre substance, ayant partie de la solidité du sel, & partie de la volatilité du Mercure: il est susceptible du feu operant par la dessication & consomme le superflu: c'est en vertu de cette operation qu'il

Du souffre.

coagule le Mercure, mais il ne l'acheve pas seul, car le sel qui luy est incorporé intimement l'assiste puissamment: le soufre produit les odeurs, mais la substance entiere du sel fixe, tirée de l'interieur du soufre, se treuve également diffuse par toutes les parties du corps, il aura coagulé son Mercure en telle sorte que ce corps là ne donnera nulle odeur, comme nous voyons dans l'or & dans l'argent.

Du Mercure.

Le Mercure est une liqueur spirituele aërée, rare, engrossée d'un peu de soufre, & l'instrument le plus proche de la chaleur naturelle : il donne vie & vigueur aux creatures sublunaires, & fortifie celles qui sont debiles : il tient de la nature de l'air, & se montre tel par son evaporation, alors qu'il sent la moindre chaleur, quoy qu'il soit accomparable à l'eau par sa fluxibilité, & ne se contient pas dans les propres termes, mais dans des termes etrangers, c'est à dire dans l'humidité ; il domine dans les corps imparfaits & corruptibles, car il possede trop peu du sel & du soufre, mais là où il est reduit en une même nature bien proportionnée avec les deux autres principes, il compose un corps incorruptible, comme nous voyons dedans l'or, dont à cause de cette admirable proportion, on peut tirer une Medecine tres-excellente & salutaire.

Aprés la contemplation des trois principes de la nature, il faut dire deux mots de la semence. C'est un extrait tiré, exalté & separé d'un corps par le moyen d'une liqueur convenable meuri dans les vases propres pour la propagation de son espece. Le baume naturel qui est une essence spirituelle des trois principes, un Esprit celeste, cristalin, & invisible habitant en un corps visible, anime la semence. Cette semence, entant que semence, n'est pas un corps sensible, mais plûtot son receptacle ; il se produit moyennant la chaleur, & cela non par l'art mais par la nature; il ne sçauroit durer s'il est procreé d'elemens corruptibles, c'est ce que devroient noter ceux qui cherchent une Medecine incorruptible dans des corps corruptibles & imparfaits des Animaux, Vegetaux & Mineraux. Aucune semence ne peut croitre ny multiplier, si on la prive de sa vertu active par une chaleur étrangere ; le poulet roty n'engendre plus. Chaque semence ne se mêle jamais hors de son regne, les Metaux ne souffrent aucun melange des Vegetaux, ny les Vegetaux des animaux dans leur procreation. Toutes sortes de semences sont spirituellement instruites du Createur pour achever mechaniquement le cours de leur procreation du temps determiné, moyennant leur teinture & leur pouvoir, qui se manifeste quand les empechemens sont levés : car il les faut ôter si une generation legitime se doit faire : & il n'y a point de matiere qui n'ait ses vertus particulieres & designées pour cooperer (si elle est pure) à la semence, & marcher de concert avec elle à la fin destinée par le souverain Createur ; estant impossible que cette vertu interieure & exterieure, demeure infructueuse, si elle est bien disposée. La semence s'habille

PHILOSOPHIQVE. 41

bille d'un corps élementaire propre à foy, attirant par fa vertu magnetique la nourriture dont elle a befoin. Tout ce que deffus agit fur les elemens paffifs, qui font la terre maffive & groffiere, & l'eau de mêmes qualitez, dont la concentration avec les Principes actifs en une même matiere infeparable, eft le chef d'œuvre des Philofophes, ou plûtot de la grace & de la toute puiffance de l'Eternel nôtre Dieu.

Des trois principes de la nature ainfi efbauchez; il y a les trois accidens de la nature és chofes élementées à confiderer, qui font la generation, la confervation & la deftruction. La generation de chaque corps en particulier, fe fait de fa propre femence, & cela dans fa propre matrice, car fi la femence n'eft pas correcte, ou la matrice pure & naturelle, il ne fe peut faire aucune generation. La femence animale requiert une matrice animale, la femence vegetable demande une matrice vegetable, & la femence minerale veut une matrice minerale : ce qui fe doit

D

bien obferver pour éviter les erreurs vulgaires : & c'eft la proprement une bonne matrice & fortable qui répond abfolument à la femence de fon regne, & comment fe pourroit-il qu'une femence naturelle & legitime, purifiée deuëment de fes accidens étrangers & nuifibles, pofée ou par la nature fans artifice, ou par l'artifice felon la nature dans fa veritable matrice, faillit à produire fon femblable : ne voyons-nous pas journellement les jardiniers & les laboureurs operer en entant en greffe, & femant en bonne terre, produire ce que ceux qui fe difent à grand tort grands Philofophes, ignorent de faire dans le regne mineral. Mais il eft auffi impoffible fans la nature d'augmenter & de faire croître par tous les artifices imaginables un bœuf, que de la laictuë, ou de l'or. Au contraire il eft abfolument neceffaire fi quelque generation fe doit faire par artifice, que cet artifice fe conforme totalement à la nature qui contient l'ordre que le Createur Eternel a prefcrit dés le commence-

PHILOSOPHIQVE. 43

ment aux Creatures, aucune desquelles, ny mêmes les Anges bien-heureux n'ont le pouvoir de rien changer en cét ordre.

Que ceux donc qui ignorent cet ordre, l'apprennent avant que de hazarder de rien tenter contre cet ordre, & s'ils ne peuvent le comprendre ou apprendre, ils feront bien de laisser operer la generation à la nature sans eux, puis qu'aussi bien se fera-elle sans eux, quand ils n'en seroient point d'avis. Je plains ces miserables qui veulent copier un original qui leur est inconnu, & travailler en une operation dont ils ne sçauroient parler seulement. Je conclus donc que ceux qui veulent operer en imitant la nature doivent en connoître premierement les semences, & puis aussi les matrices, & alors s'ils choisissent la veritable semence telle que la nature l'a formée dans son habitacle, & pareillement la matrice ainsi que la nature l'a formée, & qu'ils mettent cette semence bien purgée & bien conditionnée dans cette matrice, remettant la de-

D ij

coction à la nature du feu, inherant en eux, alors dis-je, ils pourront en attendre un succez favorable. En cet article il ne suffit pas de connoître la semence particuliere de chaque corps des trois regnes de la nature, qui l'a ordinairement inherant en soy-mesme, il faut encore connoître la semence de l'Esprit universel qu'il infuse admirablement aux animaux, aux vegetaux & aux mineraux, sans qui rien ne subsiste ny ne s'engendre: car cet Esprit, ce cinquiéme element, cet instrument de l'Eternel est absolument requis dans la procreation des choses. Ainsi comme il contient la teinture universelle des semences, il a pareillement le pouvoir d'operer sur l'universel, & doit raisonnablement servir de base à la Medecine universelle, laquelle jamais personne n'a tiré ny ne tirera d'un corps particulier des animaux, des vegetaux, ny des mineraux. Rien ne peut naître d'aucune semence, qui ne se pourrisse moyennant une chaleur naturelle & douce, quand son sel estant resolu dans une liqueur convenable, penetre par ce chemin la substance de la semence, à ce que l'Esprit inclus se forme de sa matiere un habitacle propre à la multiplication de son espece. Les animaux se multiplient par les animaux, les vegetaux par les vegetaux, & les mineraux par les mineraux, il faut que cela se fasse par ordre dans chaque espece, comme on void que l'Eternel l'a ordonnée *Genese* 24. il ne se fait point de putrefaction sans solution, & point de solution sans liqueur, mais cette liqueur doit estre proportionnée à chaque espece; premierement suivant son essence ou sa qualité, apres selon sa quantité. Le second article necessaire à cette generation est le feu, qui doit estre lent & doux, à ce que la liqueur qui contient le sel naturel de la matiere, ne s'en separe en evaporant, ce qui causeroit au lieu de la generation, la destruction, & au lieu de la vie, la mort. La matrice contenant la semence doit estre bien fermée pour concentrer la vertu de l'Esprit agissant, & la matiere ne doit point estre sortie de sa matrice, où elle travaille à la putrefaction, car si vous sortez le grain du blé dissolu pendant sa putrefaction de sa terre, il perira. La vertu des semences varie suivant celle des matrices. Les semences doivent estre egales, tant le masle que la femelle sans melange, de peur que la confusion des especes n'engendre des monstres. La generation est suivie de la regeneration : elle est ou naturelle ou artificielle. La naturelle se fait par la seule nature, quand les semences meuries tombent en terre & renaissent en se multipliant. L'artificielle est quand l'ouvrier opere moyennant la nature, & en l'imitant & preparant les matrices, comme fait le laboureur en bechant, fumant, arrousant & preparant la terre. Ainsi le Philosophe doit traitter sa terre Philosophique, dont les pores sont resserrés & compactes, il les doit humecter, penetrer, amollir, rendre subtile, nourrir & faire meurir moyennant cette nourriture, la rendant plus que simplement parfaite &

capable, moyennant cette regeneration, de se multiplier à une seconde vie. C'est là le Phenix qui renaît de ses cendres. C'est là la Salamandre qui subsiste dans le feu. C'est là le Cameleon universel, qui a le pouvoir de se revestir de toutes les couleurs & proprietés qu'on luy oppose. Considerez le rapport admirable qu'ont les choses eternelles & les temporelles, les spirituelles & les corporelles, les immaterielles & les materielles, & voyez suivant les lumieres que Dieu nous a données, si vous ne treuverés pas l'image bien qu'imparfaitement des choses superieures dans les inferieures. L'homme corrompu par le peché, & sujet à perdition, devoit moyenant la regeneration remonter à la gloire de la vie eternelle, & rapprocher de la vie & clarté divine, dont il estoit sequestré, c'est pourquoy pour y atteindre il a fallu que la parole immaterielle de Dieu descendit (à parler ainsi) du Ciel & fut faite chair, afin qu'elle satisfit en cette chair parfaite & sacrée pour les hommes imparfaits &

damnez, lesquels pourveu qu'ils s'incorporent spirituellement par la foy, la perfection & le merite de cette parole incarnée, participent de son Eternité & de sa gloire. Là ou ceux qui n'y participent pas demeurent en perdition. Voyez dis-je comment cette merveille ineffable & incomprehensible de la sage Providence de Dieu nous est ébauchée & depeinte dans la creature subalterne. Pour donner (par exemple) aux corps imparfaits & corruptibles la perfection & la constance qui leur manque, ne faut-il pas que l'Esprit universel & celeste prenne leur forme & les fasse renaître pour subsister, moyenant la regeneration dans la seconde vie, comme nous voyons journellement és regnes des animaux & des vegetaux? Et la cabale de la Philosophie secrette ne fait-elle pas voir à ceux qui en sont, que cét Esprit universel incorporé par une manipulation aussi admirable que cachée à la terre Philosophique, la mene par les degrez que luy dicte le cours prescrit de la nature, à cette perfection, qui estant

en

PHILOSOPHIQUE.

en suite apprehendée par les corps defectueux & perissables, les fait renaistre en une nouvelle vie, où ils sont hors de la jurisdiction des elemens transitoires ? cette reflection a depeint l'incarnation du Fils Eternel de Dieu, avant qu'il fut manifesté en Chair aux Philosophes payens, & a obligé les Mages d'Orient dans le temps de son apparition, à distinguer & reconnoître son Etoile, & à le venir adorer à Bethlehem : cette meure reflection nous doit aussi porter à reconnoître l'harmonie misterieuse de la parole non creée avec la creature subalterne de la parole revelée immediatement, & de la volonté divine en acte mediatement, & en un mot des œuvres spirituelles & materielles de l'Eternel nôtre Dieu, dont nous devons incessamment loüer la Majesté tres-haute qui s'est manifestée à nous, pauvres creatures indignes, d'une façon souverainement excellente, pour nous preparer à le magnifier un jour parfaitement dans son regne spirituel, comme nous le magnifions maintenant imparfaitement dans son regne materiel. S'ensuit la conservation des Creatures Elementées qui se fait par les mesmes choses que la generation. Mais comme cette conservation se fait moyennant l'assomption des matieres exterieures, il y a toûjours quelque matiere qu'elle s'approprie & incorpore comme convenable à sa nature, & quelque matiere qu'elle rejette comme mal propre à sa nature. La nourriture qui opere cette conservation est spirituelle ou corporelle; la derniere est visible & palpable, la premiere invisible & impalpable, mais de deux differentes sortes, dont l'une inherente à la matiere nourrissante est moins epurée, la seconde bien plus pure, puis que ce n'est que l'Esprit universel present à toutes choses, qui est comme le Gouverneur de cet Esprit particulier, & le lien qui attache le materiel visible avec le materiel invisible, c'est à dire le corps & l'Esprit ensemble. Tant plus que les Elemens & les alimens qui nourrissent quelque corps sont purs & sequestrez d'impuretés, tant plus la nourriture en est-elle parfaite. Ce qui est le plus capable de perfectionner cette nourriture, est la simplicité de sa composition quand elle n'est pas faite de beaucoup de differentes especes. Quand cette nourriture est excellente, elle peut causer une renovation entiere drns le corps qui se l'approprie. Le serpent se renouvelle ou rajeunit en changeant de peau, l'homme en fait autant quand par l'assomption d'une Medecine excellente & universelle, son poil blanc se change en noir, & sa peau ridée en un teint frais. Les plantes de même reverdissent par l'application de la Medecine universelle, & l'or rajeunit alors qu'il se change en liqueur dans le Mercure par le benefice du feu; Je pourrois dire beaucoup de choses de cette conservation, si je ne craignois de faire un livre au lieu d'une lettre.

Reste la destruction des choses elementées, qui se fait d'ordinaire par son contraire, quand l'une des qualités surmonte l'autre : Elle se fait ou par la diffolution ou par la coagulation : cette diffolution eftant groffiere, la deftruction fe fait par bleffures, cheute, fraction, diffection : la diffolution delicate fe fait par corrofion & par inflammation : il y a pourtant une folution douce, qui fe fait par le chemin de la nature, & tranfplante le corps à une nature plus conftante, & parfaite. La coagulation caufe en échange une deftruction, quand le liquide fe coagule en forte que cela tire la deftruction en confequence. Alors que les Efprits & les vapeurs fe deffechent ou s'enferment par des obftructions.

Des Aftres Cette confideration finie, on jette avec juftice les yeux vers les operations fuperieures des Etoiles deftinées à infufer leurs proprietés diftinctes és trois regnes pour la propagation de leurs femences diftinctes : La lumiere inherente en ces corps ne peut repofer, mais elle travaille continuellement à élever la lumiere inherente dans les corps particuliers, comme celuy-cy travaille à attirer la fuperieure. Cette influence eft un

PHILOSOPHIQUE.

esprit doüé du pouvoir de se communiquer par le moyen des rayons aux corps sublunaires. Quand ces influences sont simples, c'est à dire d'une seule Etoile, elles n'operent que simplement. Mais l'influence jointe des rayons de differentes Etoiles, qui unissent leurs rayons, opere diversement és corps inferieurs, ou pour en haster ou pour en empecher les actions. Les Etoiles fixes sont celles dont le mouvement est moins perceptible, à raison de sa tardiveté, qui represente les intervalles & les figures toûjours de mesme.

Pour abreger je vous renvoye à ceux qui font profession d'en traitter plus amplement, ne voulant dire que deux mots des Planettes, qui sont des Etoiles, dont le mouvement est visible, & l'effet remarquable, tant à nuire qu'à profiter ; leur aspect estant tres-puissant, soit qu'il soit droit, ou collateral, qu'il opere par conjonction ou par opposition : les principaux sont le Soleil & la Lune, dont le premier se peut dire une source abondante de lumiere & de chaleur. L'ame du monde ou l'Esprit universel possede puissamment cét astre, qui se decoche par ses rayons pour donner vie & mouvement à l'univers.

Les vertus de toutes choses sont inherentes au Soleil, & son mouvement regle celuy des saisons, & des corps qui sont sous la classe des saisons. Et comme Dieu a voulu que les choses superieures eussent leurs images dans les inferieures, il se trouve qu'on en void une du Soleil dans l'or, qui possede les vertus dilatées du Soleil, resserrées dans son corps, lesquelles si on les reduit de puissance en acte, ont dequoy rendre largement aux corps imparfaits ou malades, la vertu solaire & vivifiante qui leur manque. Le Soleil attire par sa vertu magnetique les esprits les plus purs, & les perfectionne pour les renvoyer par ses rayons, afin de restaurer & faire augmenter les corps des creatures particulieres. La Lune tire sa lumiere & ses influences du Soleil, les renvoyant la nuit en terre, & marque par son mouvement ra-

PHILOSOPHIQUE,

courcy, les mois. Cette Eve tirée de la coste d'Adam (ou Soleil) fait dans l'operation susdite l'office de la femelle, & preside dans la matiere humide, feminine & passive, comme le Soleil fait dans la matiere seche, mâle & active.

Les Planettes moindres sont premierement les Heterodromes qui font leurs cours par un mouvement divers & en temps inegal : Ce sont Jupiter, Saturne & Mars, le premier acheve son cours en douze ans, le second en trente, & le troisiéme en deux années.

Les Homodromes qui font leur chemin d'une vîtesse presque égale, sont Venus & Mercure : Le premier acheve son cercle dans une année, & le second de même. Parlant des Metaux, peut-estre toucheray-je un mot de leur affinité & harmonie avec les Plantes. Cependant laissant à part les Meteores, ie me contente de vous dire generalement qu'ils s'engendrent dans l'air, comme les Mineraux en terre des vapeurs, & se reduisent par la vertu des Etoiles en de certaines formes : ils sont de quatre sortes suivant les Elemens, les Cometes & Etoiles tombantes, qui sont des foudres, tenans du feu : le vent de l'air : la pluye & la grele, de l'eau : les pierres des foudres, & de la terre.

Des trois regnes de la nature. Du regne Mineral.

Cette contemplation (où je laisse le champ libre à vos meditations) finie, restent à considerer les choses Elementées inferieures, qui composent les trois regnes de la nature, assavoir l'Animal, le Vegetal & le Mineral.

Commençons par le dernier, & observons que chaque Metal cache spirituelement tous les autres en soy, d'autant qu'ils proviennent tous d'une même racine, assavoir du soufre, du sel, & du Mercure. Le Mercure est une liqueur crasse, laquelle bien preparée, le feu ne peut consommer: elle est engendrée dans les entrailles de la terre, & est spirituelle, blanche en apparence, humide & froide, mais en effet & en pouvoir chaude, rouge & seche. Le Mercure reçoit volontiers en soy les choses qui sont de

PHILOSOPHIQUE. 57

sa nature, & se les incorpore. Cette eau metallique engloutit avidement les Metaux parfaits, afin de se servir de leur perfection pour sa propre exaltation. La nature luy ayant imprimé cet instinct, comme à toutes creatures, de tendre par la voye legitime à l'amendement, & à la multiplication de son espece. Le soufre, qui engrosse le Mercure, est le feu qui luy est inherent & naturel, & qui moyennant le mouvement exterieur de la nature l'acheve de digerer & meurir. Il ne fait pas un corps separé, mais une faculté separée du Mercure, & luy est inherent & incorporé. Le sel est une consistence seche & spirituelle, pareillement inherent au Mercure & au soufre, donnant à ce dernier le pouvoir de digerer le premier en metal. Or comme dans le cours de la nature ordinaire & avant la coagulation du metal, le sel est tres infirme, Dieu a inspiré aux Philosophes la voye d'ajoûter au Mercure un sel pur, fixe & parfait, pour operer en peu de temps ce que la nature ne fait qu'avec un travail de plusieurs années. La generation des metaux se fait comme il s'ensuit: l'Esprit universel se mesle à l'eau, & à la terre, & en tire un esprit gras qu'il distille dans le centre de la terre, pour le rehausser de là, & le placer dedans sa matrice convenable, où il se digere en Mercure, accompagné de son sel & de son soufre, dont en suitte se forme le Metal; ce qui se fait quand la teinture cachée dans le Mercure se montre & vient à naître, car alors le Mercure se trouve congelé & changé en metal, souvent le Mercure se charge dans cette matrice d'un soufre impur, qui l'empeche de se perfectionner en pur or, ou argent, à quoy l'influence des Planetes moindres, & la constitution de la matrice contribuent, & le font devenir plomb, ou fer, ou cuivre, qui ne soufrent point l'examen du feu. Cette decoction requiert une chaleur exterieure temperée & continuelle, laquelle secondée de l'esprit metallique interieur, atteint finalement sa maturité. La conservation des Metaux se fait moyen-

PHILOSOPHIQUE.

nant le soufre Metallique interieur, & alors qu'ils subsistent dans un lieu qui leur est propre. La destruction des Metaux se fait par le moyen des choses qui n'ont aucune harmonie avec eux, comme sont les eaux & matieres corrosives, ce que les Curieux ont bien à noter.

L'or est un metal parfait, & dont les elemens sont si generalement balancés, que l'un ne predomine point à l'autre ; C'est pourquoy les anciens Philosophes ont cherché dans ce corps parfait une Medecine parfaite, & qui ne se trouve en aucun autre corps sujet à estre destruit par quelque inegalité, car une chose sujette d'elle-même à destruction, ne sçauroit donner à d'autres une santé ou un amendement de consequence. La question est de rendre l'or vivant, spirituel & applicable à la nature humaine, ce qu'il n'est pas en sa nature simple & compacte : pour parvenir à cette perfection il doit estre reduit dans sa femelle à sa premiere nature, & refaire par sa retrogradation le chemin de la regeneration, dont j'ay parlé cy-dessus. L'or mort en soy-même n'est bon à rien, & est sterile : mais rendu vivant il a dequoy germer & se multiplier. L'esprit Metallique vivifiant est caché tant qu'il reside dans un corps compacte & terrestre; mais reduit de son pouvoir en acte, il est capable d'operer non seulement en la propagation de son espece, mais encores à cause de ses elemens également proportionnés, il rétablira la santé & la vigueur dans le corps des animaux. Comme le Soleil celeste communique sa clarté aux Planettes, ainsi l'on peut communiquer sa perfection & sa vertu aux Metaux imparfaits. C'est pourquoy les anciens Cabalistes ont designé les Plantes & les Metaux par des mêmes caracteres, & ce n'est pas sans grande raison, que le Soleil & l'or ont esté figuré par un cercle entier & son centre, à cause que l'un & l'autre contient en soy les vertus de tout l'univers ; le centre signifie la terre, le cercle le ciel : Celuy qui sçait reduire les vertus centrales de l'or à sa circonference, acquiert les vertus de

PHILOSOPHIQUE.

tout l'univers dans une seule Medecine. L'or paroit & est exterieurement fixe, mais interieurement il est volatil : cette nature spirituelle & volatile proprement contient sa vertu Medicinale & penetrante : Car sans solution il ne fait rien ; L'or a une affinité tres-grande avec le Mercure, & il n'y a qu'à les joindre apres les avoir rendus purs & sans macules, pour les unir ensemble, estans l'un & l'autre incorruptibles & parfaits : l'un de ces corps est l'inferieur, & l'autre le superieur, dont parle Hermes : Mais notez que l'or en sa nature compacte, massive & corporelle est inutile à aucune Medecine, ou transplantation. C'est pourquoy il le faut prendre en sa nature volatile & spirituelle. La rotondité se designant par la perfection de l'or, qui jette ses rayons diametralement mesurez du centre à la circonference, & les quatre qualitez également balancées dans l'or representans les quatre lignes égales posées en rectangle, qui forme le quarré equilateral. La Cabale secrette treuve dans la matiere de ce metal, la forme probable & perceptible de la quadrature du cercle. Mais comme peu de gens sont capables de comprendre des misteres cachez, il n'est pas à propos de les profaner & étaler à la veuë des indignes.

L'argent bien que plus parfait que les autres Metaux, l'est moins que l'or, il se rapporte à la lune celeste, & en possede la vertu comme le Caractere. Il est tres-utile en son espece aux Philophes experts. Comme l'or a la signature dans le Macrocosme, du Soleil, & dans le Microcosme, du cœur; ainsi l'argent a la signature dans le Macrocosme, de la de la Lune, & dans le Microcosme du cerveau, dont il est une Medecine singuliere, s'il est rendu spirituel & impalpable.

Les Metaux moindres sont deux mols, assavoir le plomb & l'etain; & deux durs, assavoir le fer & le cuivre; Ils sont composez d'un soufre impur & d'un Mercure non meur: Chacun estant doüé d'un esprit limité à certain degré, ne domine dans les cures

Philosophiques que sur les maladies où preside un esprit subalterne à celuy qui est inherent à l'un de ces metaux.

Les pierres precieuses sont differentes à raison de leur digestion, & sont diaphanes à cause qu'elles sont congelées de l'eau pure avec l'Esprit de l'Univers, doüées de certaines teintures, non tout à fait dissemblables de celles des metaux, qui leur donnent & la couleur & la vertu.

Les pierres communes & non transparentes sont congelées de terre crasse & impure, meslée d'une humidité tenace & gluante, laquelle dessechée compose la pierre dure, molle, ou sablonneuse, plus ou moins, selon la quantité ou qualité de cette humidité.

Les Mineraux sont les matieres qui ne sont ny pierres ny metal. Le vitriol, le Mercure commun & l'Antimoine participent le plus de la matiere metallique. Le dernier est la matrice & la vene de l'or, & le seminaire de sa teinture : l'un & l'autre contient une Medecine excellenté. Le sel commun, l'Armoniac, le salpetre, le salgemme, & l'Alun le suivent & s'engendrent des eaux salées. Le soufre au contraire est congelé de la secheresse pure terrestre. Pour le Bitume il s'en trouve de plusieurs sortes ; C'est un suc de la terre tenace & susceptible du feu : il y en a de dur & de liquide, le premier est l'Alspalte, Pissaspalte & l'Ambre jaune : le second est oleagineux comme le Nafre & l'Ambre Arabique : Les Mineraux de la troisiéme espece sont l'orpiment, le sandarac, le gyp, la croye, l'argile, la terre d'Armenie, & la terre figelée.

Règne des vegetaux. Apres la contemplation du Regne Mineral ébauchée superficielement, il en faut autant faire, mais sommairement du Vegetal, de peur que cette lettre ne devienne insensiblement un livre entre les mains d'un homme qui n'en fit, ny ne fera jamais. Les Vegetaux sont des corps qui ont racine dans terre, & poussent leur tige, feüilles, fleurs & fruits dans l'air. Leur semence interieure aidée d'une chaleur exterieure, & sur tout

ani-

PHILOSOPHIQUE.

animée de l'Esprit universel, moyennant l'influence des Astres, se fait voir dans la propagation de son espece. Considerez de vôtre chef dans les parties d'un vegetal solides & liquides, spirituelles & corporelles, leur baume naturel, qui est a proprement parler, leur soufre corporel qui les agite avec leur humidité, ou le Mercure qui les humecte, & soutient. Leur Anatomie vous montrera dans leur solidité leur chair, dans leurs ligamens comme les arteres & les venes qui servent aux demarches que fait en eux l'esprit universel. Le remanent de leurs membres sont la racine, la tige, l'écorse, la moële, le bois, les branches, les fueilles, les fleurs, & les fruits, la mousse, le suc, la gomme ou racine: Où vôtre meditation vous dictera sur le pied de ce que j'ay dit cy-dessus, tant au sujet de l'universel des Creatures, qu'à raison des creatures en particulier, ce qu'il y a à observer concernant leur generation, conservation, & destruction: elles sont sujettes aux saisons qui arrestent ou hastent, suivant leur

F

proprietez, les qualitez inherentes à chaque plante separément, pour luy faire faire son cours destiné dés la fondation du monde. On n'auroit jamais fait de parler de leurs especes & vertus differentes, comme aussi de leur signature & constellation, ou bien de les distribuer & arranger sous les Astres qui dominent chaque plante en particulier, & démontrer aux sens que les signatures se rapportent à diverses maladies avec l'harmonie des esprits subalternes, qui gouvernent, & les perfections des plantes, & les imperfections des maladies: Mais ce chemin, bien que merveilleusement beau & agreable, est trop long, & ne fait que tournoyer autour du centre Cabalistique, où on arrive par un sentier infiniment plus court & aisé, si on considere exactement le commencement & la fin de cette lettre. A mon avis ayant la clef de la science generale, on penetre aisément les proprietés des creatures particulieres, mais il est tres-difficile de grimper du particulier au general, car naturellement on des-

PHILOSOPHIQUE. 67
tend bien plus aisément qu'on ne monte, & la peine est toûjours plus grande de parler au Prince même qu'à ses domestiques.

L'Animal est un corps mobile & se nourrit des vegetaux & des mineraux: Car ces deux derniers participent les uns des autres : Comme ce seroit un ouvrage ample & grand d'en dechifrer par le menu les parties & les especes, je n'y toucheray qu'en passant. Les animaux sont composez du corps & de l'ame : le premier est proprement l'habitacle du second. Les corps sont tous penetrables aux ames animales. Et ont des parties plus ou moins condensées, & relatives aux elemens du Macrocosme. Les os qui sont ce qu'il y a de plus sec sont semblables & approchans de la terre. Les cartilages sont des parties moins dures que les os & ployables, comme aussi les ligamens, membranes, nerfs, arteres, venes ; dont je me rapporte aux Anatomistes, aussi bien que des autres parties exterieures & interieures purement corporelles : où nous trouverons qu'elles se rappor-

Du regne animal.

F ij

tent aux elemens, les seches à la terre, les humides à l'eau, & les spirituelles à l'air & au feu. Les esprits animaux sont des vapeurs subtiles: il y en a de superieurs & d'inferieurs; ceux-cy sont ou aquatiques ou terrestres, & president dans les parties du corps qui leur conviennent le plus à l'exemple des esprits du Macrocosme, qui contribuent leurs fonctions aux elemens dont ils tirent leur origine. L'esprit du feu ou celeste, reside dans le cœur, & anime les autres par son activité: ils operent proprement dans le Microcosme ce qu'il fait dans le Macrocosme, à la reserve de ce qu'il est particulier dans l'un, comme il est general dans l'autre, où il a de l'attachement avec les esprits subalternes du grand monde, ainsi qu'il fait dans l'animal avec les esprits subalternes du petit monde, chaque animal se pouvant qualifier tel, bien que plus imparfaitement que ne fait l'homme, fait seul à l'image de Dieu: A peine m'empescheray-je de parler plus que je ne voulois faire de l'ame sensitive, & de sa diversité avec la raisonnable.

L'ame sensitive est une substance spirituelle, elle reside entant que telle dans le cerveau, & domine les esprits animaux, estant instruite & renduë capable par le Createur, de sentiment, d'appetit, & de motion. A l'appeller de son nom c'est une étincelle de l'esprit universel, tirée par le Souverain de l'essence du ciel sideré, & imprimée à la semence animale pour la regir dans la classe où elle est posée : les rayons de cette ame n'éclairent pas au delà des limites de leurs esprits animaux, l'Homme animal même, ne comprenant point les choses qui sont de l'esprit de Dieu: Car comme cette ame animale n'est que de la classe siderée, elle ne sçauroit élever son vol au dessus de sa patrie. Au contraire, il faut que toutes les facultés animales & terminées soient comme assoupies és regenerés, quand l'ame raisonnable s'éleve à Dieu, & se prosterne devant le Trône de sa Majesté pour en tirer les lumieres spirituelles. De sorte que les rayons de cette ame sensitive ou animale souffrent, pour resider dans les esprits animaux & elementaires, un melange tres-grand des tenebres attachées à la matiere crasse & impure, ce qui la rend moins subtile & penetrante, l'empéchant de connoître les choses que par la seule superficie. La reflection de ces rayons enflamme l'imagination, & émeut l'appetit qui tient lieu de Volonté à cette ame, & cause l'emotion des parties corporelles, qui en dependent, suivant les organes & leur perfection ou defaut, d'où vient que les unes operent plus ou moins parfaitement que les autres.

L'homme est la plus parfaite des creatures, son corps est plus excellemment & delicatement organisé que celuy des autres animaux, cela estant requis à ses fonctions dominantes. La matiere de ce corps n'est guere differente de celle des autres animaux, mais bien la forme, des parties de laquelle je me rapporte à ceux qui en ont composé des Volumes, de peur d'en faire un de redites. Son ame raisonnable est de la nature siderée, doüée par le Createur de la faculté d'entendre ce qui se fait sous le Ciel Empiré, & ce que le Macrocosme contient. Quand le Createur forma l'homme *Gen. 2. v. 7.* de terre, il n'est pas dit qu'il fit son ame d'aucune matiere; mais qu'il la luy infusa, souflant és narines d'iceluy respiration de vie, dont l'homme fut fait en ame vivante & immortelle : si elle est pure, elle est dis-je capable de connoître ce qui est du Macrocosme, & d'en juger. Elle peut exercer ses operations intellectuelles concentrée en elle-même, & sans l'aide des sens exterieurs ou materiels, ce que l'ame animale ne sçauroit faire. Car les sens liez, toutes ses fonctions sont accrochées. L'ame raisonnable est un miroir qui represente les choses fort éloignées, ce que les sens materiels ne sçauroient faire : elle penetre même par un raisonnement solide les choses invisibles & impalpables. Tant qu'elle empêtre ses facultés dans les choses materielles, elle a peine d'élever son œil aux choses sublimes ; mais si elle est assistée de la grace divine pour pour se depêtrer, alors elle peut employer ses forces entieres, & exploiter fortement : Car de même que les Astres superieurs & inferieurs, ie dis, les generaux & les particuliers, tirent leur lumiere & leur vie de la lumiere concentrée du Soleil : Ainsi les ames raisonnables ne peuvent rien d'elles-mêmes si elles ne sont illuminées des rayons de la grace du Soleil de Justice nostre Seigneur Jesus-Christ, par le moyen de sont S. Esprit.

La Providence admirable du Pere de lumiere ayant voulu que sur la fin du troisiéme jour & vers le commencement du quatriéme de la creation, la lumiere diffuse auparavant prit forme dans le Soleil qui éclaire le monde temporel, & que vers la fin des trois mille années aprés la creation, la Majesté divine prit chair pour éclairer & regir le monde eternel. Et comme nos ames sont eternelles, elles sont (je dis celles des Eleus) dés cette vie, habitacles & Temples du saint Esprit, qui les conduit

duit & le perfectionne, comme l'esprit de l'Univers fait les esprits materiaux. O que nous serions heureux, si le peché maudit n'obscurcissoit la clarté de nos ames, qui depuis ce malheureux accident ne connoissent qu'en partie; & certes à le bien prendre, assez imparfaitement. Tout, je dis absolument tout, ce qui nous reste de la lumiere excellente que l'ame voit en sa creation, ne nous est departi que par mesure de la pure misericorde de Dieu, & selon son bon plaisir, sans quoy nôtre ame abrutie est comme confonduë avec l'animale, & sous sa domination, pour vivre & mourir avec elle; car elle la precipite dans la mort, comme de l'autre costé l'ame regenerée par l'esprit de Dieu vivifie & éleve l'ame animale à la vie eternelle. Ceux donc qui voudroient perfectionner leur ame, se doivent addresser en ferme foy à Dieu, & dépoüiller par une serieuse repentance l'ordure du peché, pour obtenir le saint Esprit, qui est le gage asseuré de leur salut, & qui les conduit de grace en grace, & de lu-

G

miere en lumiere, jusqu'à ce qu'ayant deposé suivant l'ordre present la crasse perissable qui voile l'ame, ils puissent revestir dans la seconde vie le même corps, mais purifié & rendu spirituel, afin de se presenter devant le Trône de l'Eternel, & le magnifier & glorifier en toute eternité. Sa Misericorde paternelle nous y conduise pour l'amour de son Fils aimé Jesus-Christ, auquel avec le Pere & le saint Esprit, soit honneur & gloire à tout jamais.

La generation dans le regne animal est assez visible, & comme vous en treuvez des descriptions amples, ie m'en dispense. La conservation des animaux se fait par le moyen des elemens, des alimens & des medicamens, dont la quantité & la qualité leur cause plus ou moins de bien & de mal. Leur destruction se fait quand l'un des principes predomine l'autre: cette inegalité cause leur intemperie; Là où l'humidité abonde, viennent les maladies qui en participent, comme catharres, hydropisies: si le feu, des fievres ardentes; Ce qui doit por-

PHILOSOPHIQUE.

ser dans la recherche des cures, l'esprit des Curieux vers le remede capable de remettre & conserver cette balance des principes, qui cause la santé. Reste l'harmonie des choses, qui est une matiere aussi ample que belle & utile. Tout ce que je viens de vous dire cy-dessus, ne parle que de cela, & quand ie n'en dirois autre chose, ie croirois y avoir amplement satisfait. Neantmoins pour contenter vostre curiosité, je vous diray en forme d'Epilogue, que le rapport doit estre grand d'une creature à l'autre, puisque la matiere n'en differe pas, mais seulement la forme. Les Elemens mêmes tirez d'un seul chaos ne different entr'eux qu'à raison de leur disposition. Toutes choses sont emanées de l'unité, & y retournent. Cette contemplation est comme la clef des secrets les plus grands de la Nature, où nous voyons que tout est ordonné dans le temps, dans la mesure & dans le poids. Observant la generation, la conservation & la destruction des trois regnes de la Nature, vous verrez qu'ils conviennent entierement entr'eux en ce point; ils naissent des trois principes de la Nature, où l'actif tient lieu de mâle, & le passif de femelle, & ce par la chaleur interieure de la semence, & par l'exterieure de la decoction; n'importe que l'origine en soit differente en forme, comme les creatures, aussi le sont entr'elles: Ils subsistent & sont conservez par l'attraction du baume semblable à celuy qui leur est inherent, qui leur sert d'aliment, par la chaleur exterieure, & qui fortifie l'interieure, conservant les humeurs en equilibre. Ils sont détruits par l'attraction de l'intemperie residente és alimens & elemens, que l'Eternel a maudit. *Gen.* 3. 17. à cause du peché de l'homme, par la diminution des organes & par l'intemperie hereditaire au sang. Il faut à chaque corps des trois regnes, la semence, la matrice, son mouvement, ou sa chaleur double & proportionnée, de sorte qu'ils ne different entr'eux que dans la situation que le Createur leur a donné avec leur forme, & l'intention de se multiplier chacun dans son espece, *Gen.* 1. 22. Il ne suffit pas de connoître l'harmonie des choses terrestres essentielles, mais il faut observer leur concert avec les superieures. Le Soleil elementaire a une ressemblance tres-grande avec le central ; ils se renvoyent l'un à l'autre leurs rayons & attractions par une reverberation continuelle & reciproque, pour faciliter par ce mouvement la propagation des creatures. La Lune & les Etoiles ont pareillement un commerce continuel avec les puissances astrales, inherentes és corps sublunaires, où reside des esprits, se rapportans de vertu & d'inclination les uns aux autres. Considerez en suite l'harmonie des esprits & des corps avec leurs operations paralleles, comme je les ay crayonnées legerement cy-dessus. Et sur tout admirez le rapport du monde spirituel au materiel ; l'un porte l'image de l'autre, & ce qui paroitra un jour exalté dans le monde superieur, se void ébauché en quelque façon dans l'inferieur. Le Soleil elementaire preside au gouvernement du monde perissable, & le Soleil de justice preside à la direction du monde eternel, le temps estant un mouvement, son directeur creé est mobile, & l'Eternité consistant en un un repos constant, est regie par l'immuable qui a esté, qui est, & qui sera le mesme de siecles en siecles. Quand il apparoîtra immediatement dans la personne glorifiée de son Verbe eternel en chair, comme il apparoist mediatement dans les instrumens materiels, disposez pour la direction de l'œuvre admirable de la Creation, sa lumiere immense ternira celle qu'il a distinguée du chaos, pour regler le mouvement du temps, lequel finira dans le même instant que le feu de cette nouvelle clarté incomprehensible bannira le perissable & l'obscur, exaltant nos corps à cette diaphanité lumineuse, dont sa bonté paternelle a fait voir un échantillon admirable, *Matth.* 17. v. 2. & *Marc.* 9. v. 3. Comme aussi 2. *Rois* 2. v. 11. où la presence de l'Eternel à l'enle-

PHILOSOPHIQUE. 83
vement d'Elie a operé sur luy presques de la même façon. Alors toutes les choses emanées de l'unité incomprehensible de l'Eternel, ayant parfait leur cours dans l'harmonie du Macrocosme inferieur, retourneront à cette union purifiées des tenebres, lesquelles tiendront lieu de terre damnée dans cette nouvelle creation, & serviront d'habitacle aux esprits des hommes malins, exclus de la lumiere & presence de l'Eternel. Tout de mesme que les Anges & les hommes bien-heureux habiteront dans la gloire incomprehensible pour le loüer, benir & exalter à jamais. Sa Bonté & Misericorde Paternelle nous vueille pardonner nos offenses, & nous rassasier des biens de sa maison pour l'amour de son Fils unique Nostre Seigneur Iesus-Christ, auquel avec le Pere & le sainct Esprit, soit gloire & honneur à tout jamais. *Amen.*

Voila, Monsieur, l'extrait de ma lecture des Philosophes, simple & sans affectation d'ornement, n'y

84 LETTRE PHILOSOPH.

d'ostentation, dont je vous fais present d'aussi bon cœur que je suis,

MONSIEVR,

Votre.

www.ingramcontent.com/pod-product-compliance
Lightning Source LLC
LaVergne TN
LVHW021000090426
835512LV00009B/1981